Exposition universelle de 1900

ÉCONOMIE SOCIALE

NOTICE

SUR LA

Cristallerie de Baccarat

SES OUVRIERS — SES INSTITUTIONS

— ¦o¦ —

NANCY

IMPRIMERIE BERGER-LEVRAULT ET Cⁱᵉ

18, Rue des Glacis, 18

—

1900

NOTICE

CRISTALLERIE DE BACCARAT

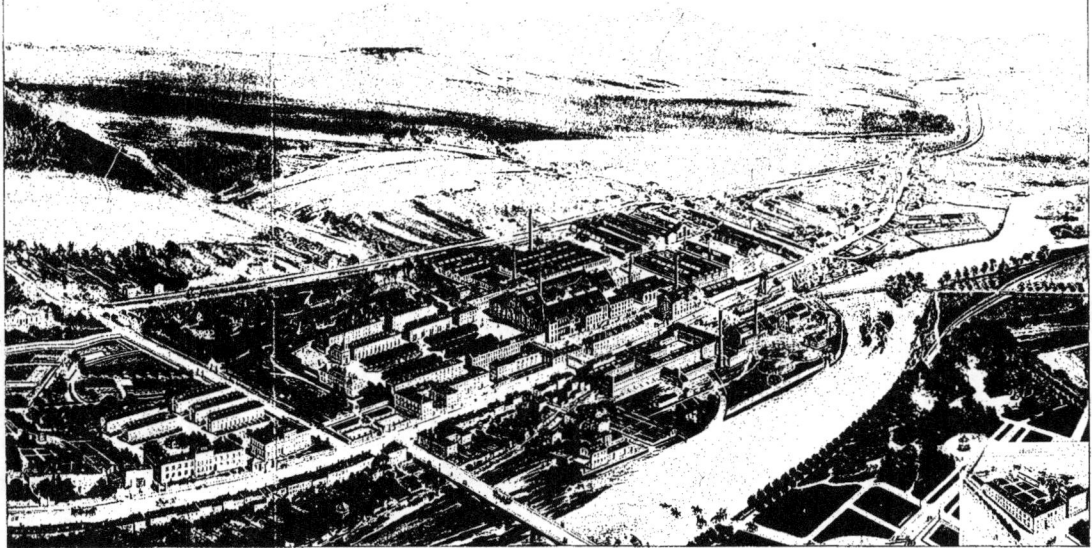

LEGENDE

COMPAGNIE DES CRISTALLERIES DE BACCARAT

LES USINES DE BACCARAT EN 1900

—————

COMPAGNIE

DES

CRISTALLERIES DE BACCARAT

USINE A BACCARAT (MEURTHE-ET-MOSELLE)

DÉPOT A PARIS, 30 *bis*, RUE DE PARADIS

————— ¤ —————

Historique.

Baccarat est une petite ville de 7,000 âmes, du
département de Meurthe-et-Moselle, située dans la val-
lée de la Meurthe, à quelques kilomètres du département
des Vosges.

Baccarat et un certain nombre de villages avoisinants
formaient autrefois, avec un massif important de forêts
des Basses-Vosges, une enclave dans le duché de Lorraine appartenant aux évêques de Metz.

Ces domaines boisés, dont les produits étaient flottés
sur la Meurthe, devinrent une propriété onéreuse quand,

vers le milieu du siècle dernier, les salines de Rosières, exploitées par les ducs de Lorraine, furent éteintes.

L'évêque de Metz, Mgr de Montmorency-Laval, s'associant alors un industriel, M. Antoine Renaut, et un capitaliste, M. Léopold, fonda en 1765, à Baccarat, la verrerie Sainte-Anne, destinée à consommer les produits de ses vastes forêts.

Peu d'années après, la mort de M. Léopold amena la liquidation de l'association. L'usine demeura la propriété exclusive de M. Renaut.

On y fabriquait alors de la verrerie ordinaire et du verre à vitres. La taille et la gravure y étaient pratiquées.

M. Renaut, compromis par des engagements financiers trop lourds pour ses forces, marcha péniblement jusqu'à l'époque de la Révolution.

La vente s'arrêta, le personnel se désorganisa. La crise se prolongeant, la faillite fut déclarée et l'usine vendue, au commencement du siècle, à la barre du tribunal de Lunéville.

Les acquéreurs ne furent pas plus heureux, pendant les guerres de l'Empire, que ne l'avait été précédemment M. Renaut. Le travail avait totalement cessé à l'époque des invasions.

En 1816, M. d'Artigues, fabricant de cristaux à Vonêche (Belgique), séparé de la France par les traités et n'y pouvant plus introduire librement ses produits, acheta l'usine de Baccarat pour y transporter son industrie. La production du cristal à base de plomb fut substituée à celle du verre.

L'établissement réorganisé fut cédé, en 1822, par M. d'Artigues à MM. Godard et Cⁱᵉ, qui constituèrent, sous forme de société anonyme, la compagnie exploitant encore aujourd'hui la cristallerie de Baccarat et dont la prospérité, pendant cette période de 78 ans, n'a pas cessé de s'accroître.

En 1823, la Société nouvelle présenta ses produits à l'Exposition nationale. Elle y obtint la médaille d'or.

Elle comptait alors 327 ouvriers et sa production annuelle était de 760,000 à 800,000 fr.

La médaille d'or lui fut confirmée aux expositions de 1827, 1834, 1839, 1844 et 1849. Pendant la période qui précède, son personnel s'était successivement accru jusqu'au chiffre de 975 ouvriers, produisant deux millions.

En 1855, la grande Médaille d'honneur fut la récompense de l'exposition de Baccarat. Le nombre de ses ouvriers avait monté à 1,125 et sa production annuelle à trois millions.

En 1867, on comptait 1,743 ouvriers produisant près de cinq millions de francs. Le jury international accorda un Grand prix à la Compagnie de Baccarat et une Médaille d'argent pour ses institutions ouvrières.

En 1878, elle reçut un Grand prix. Elle comptait 2,186 ouvriers et produisait six millions.

En 1889, la Section d'économie sociale décerna un

Grand prix à Baccarat, dont la production de six millions sept cent mille francs correspondait à un personnel de 2,025 ouvriers.

En 1900, l'usine occupe 2,223 personnes et fournit à la vente des cristaux représentant une valeur de sept millions deux cent cinquante mille francs.

Personnel.

Le personnel comprend : 1° les ouvriers attachés à la cristallerie d'une manière fixe, ayant des traitements réglés au mois suivant le grade, l'habileté et le temps d'ancienneté de chacun ; 2° les manœuvres ou journaliers, qui n'en font pas partie d'une façon aussi intime et sont rétribués chaque semaine en raison du nombre de journées de travail.

Voici le nombre d'ouvriers par catégorie :

	EN 1878.	EN 1889.	EN 1900.
Hommes au mois	991	992	903
Gamins ou apprentis	359	270	255
Femmes (apprenties comprises) . . .	500	487	740
Manœuvres et ouvriers à la semaine .	261	199	250
Employés, contremaîtres, gardes . . .	75	77	75
Total	2,186	2,025	2,223

Pour une production qui s'est accrue de plus d'un cinquième en valeur depuis 1878 et dans une proportion beaucoup plus élevée en nature par le fait de baisses de tarifs très considérables, le personnel est resté sensiblement le même comme nombre total.

Cette production se serait développée dans des proportions autrement considérables si des difficultés de recrutement insurmontables ne l'avaient pas limitée. La diminution de la natalité, le dépeuplement des campagnes voisines et la création d'industries nouvelles dans les régions qui envoyaient autrefois des gamins rendent la main-d'œuvre de plus en plus difficile à trouver. Aussi réserve-t-on aux femmes tous les travaux auxquels elles sont aptes et le nombre des ouvrières s'est-il considérablement accru à mesure que les progrès de la mécanique mettaient plus de façons à leur portée.

Salaires.

Salaire moyen par jour.

	EN 1878.	EN 1889.	EN 1900
Des ouvriers majeurs au mois	3f 25c	4f »c	4f 81c
Des femmes.	1 58	2 25	2 43
Des manœuvres	2 20	2 20	2 48
Des employés, contremaîtres, gardes .	5 »	7 »	7 98

Ce tableau ne comprend pas les gamins, apprentis et apprenties.

Conditions économiques de l'existence.

Pendant que le salaire moyen progressait ainsi, les prix des denrées alimentaires variaient comme suit :

DENRÉES.	PRIX.		
	En 1878.	En 1889.	En 1900.
Pain.	0ᶠ 40ᶜ le kilogr.	0ᶠ 35ᶜ	0ᶠ 28 ᶜ
Bœuf	1 70 —	1 20	1 60
Veau	1 70 —	1 20	1 60
Porc frais.	1 60 —	1 40	1 80
Lard salé	2 » —	2 »	2 »
Beurre	2 50 —	2 30	2 20
Œufs	0 75 —	0 75	0 837
Pommes de terre. . .	8 » le quintal.	8 »	6 »
Bois de chauffage . .	12 50 le stère.	12 »	12 »

La vêture, la chaussure et tous les objets manufacturés, qui n'avaient pas cessé de diminuer de prix, ont subi récemment une hausse considérable, conséquence de conditions économiques qui se sont produites trop brusquement pour être durables.

Les loyers n'ont pas augmenté.

En somme, les salaires ont progressé de façon à permettre aux ménages ouvriers plus de bien-être et d'épargne.

Baccarat a un octroi qui ne prélève de droits que sur les vins, bières et spiritueux. Aucun autre produit de consommation ne se trouve grevé à l'entrée.

BACCARAT
Les Cités Ouvrières

ELEVATION et COUPE
Dimensions d'un Pavillon 54 mètres sur 10

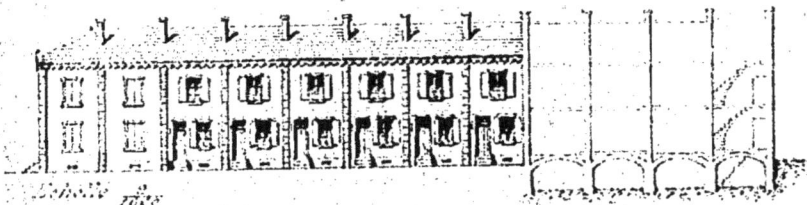

PLAN

Rez de Chaussée — 1ᵉʳ Etage — Grenier

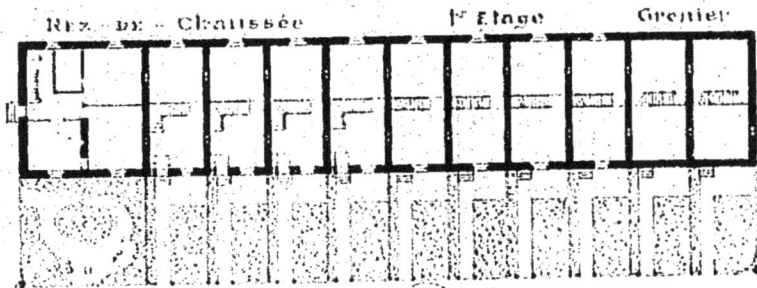

La Compagnie s'est toujours refusée à organiser des sociétés de consommation ou économats. Les résultats matériels et moraux de la plupart des institutions de ce genre créées par de grandes usines, ne sont pas faits pour modifier ses sentiments à cet égard.

Logements.

Les ouvriers verriers, conformément à un vieil usage, sont logés gratuitement dans l'intérieur de l'usine, ainsi que les employés, contremaîtres et quelques ouvriers spéciaux qu'il est utile d'avoir constamment sous la main.

247 ménages, formant une population de 867 personnes, sont dans ce cas.

En outre du logement gratuit, il est atribué à chacun de ces ménages un jardin d'une contenance de 2 à 3 ares.

Depuis douze ans, de nombreuses habitations ont été construites, tant pour remplacer les anciennes en mauvais état que pour des besoins nouveaux.

Elles l'ont été sur un type unique.

Le logement est constitué par une petite maison indépendante, non isolée ; il est composé d'une cave, d'un rez-de-chaussée, d'un étage et d'un grenier.

L'entrée se fait par un petit jardinet entouré de grilles, où les ouvriers ne cultivent guère que des fleurs.

La cave est voûtée en maçonnerie.

Au rez-de-chaussée, se trouvent la cuisine, une pièce et un cabinet d'aisances avec siége et cuvette à clapet; au premier étage, deux chambres indépendantes.

L'escalier monte dans la cuisine de façon à ne pas prendre de place.

Le prix de revient de construction d'un logement est de 5,500 fr.

Chaque ménage a l'eau de source, qui coule sur l'évier et lave les cabinets, en communication avec un égout.

La Compagnie installe le gaz chez ceux qui le désirent, pour l'éclairage et le chauffage. Le mètre cube de gaz est payé 15 centimes.

Des buanderies et des fours sont à la disposition des ménagères.

La faveur du logement étant spéciale aux verriers, les autres ouvriers se logent à leurs frais, soit à Baccarat, soit dans les communes voisines.

Une forte proportion de ceux-ci associent au travail industriel une petite exploitation rurale.

L'élevage d'un porc, de lapins, d'une vache, la culture de quelques champs et d'un jardin, assurent alors au ménage sa nourriture. Le salaire industriel vient apporter à ce consommateur de ses propres produits l'aisance et la faculté de se constituer un capital.

Les ouvriers ruraux sont généralement propriétaires de leur maison; ceux de Baccarat plus souvent locataires. Ces derniers aspirent à acheter ou à construire une petite maison, qu'ils paient en plusieurs années avec leur épargne. D'une façon générale, la Compagnie reste étrangère à ces opérations et ne les encourage pas. Trop souvent cette aspiration à la propriété immobilière fait contracter à l'ouvrier des engagements au-dessus de ses forces, et dont il porte le poids toute sa vie. Il a plus besoin d'être mis en garde contre les risques que poussé dans cette voie.

Crèche.

La Compagnie a construit, en 1895, une crèche à proximité de ses ateliers.

Les enfants y sont admis dès l'âge de 6 semaines.

La rétribution maternelle est de 30 centimes par journée d'un enfant, de 50 centimes pour deux enfants, et de 60 centimes pour trois.

Le nombre moyen des enfants présents a été de 25 en 1897, 39 en 1898, et 45 en 1899.

La crèche tient à la disposition des mères, pour la consommation à domicile, du lait stérilisé, qu'elles paient 20 centimes le litre.

Écoles primaires.

La Compagnie entretient à ses frais des écoles primaires, où elle donne gratuitement l'instruction aux enfants de ses ouvriers au mois, libres du reste d'envoyer, s'ils le préfèrent, leurs enfants aux écoles communales. De là résulte, entre les deux groupes d'instruction, une émulation très favorable au niveau scolaire.

Les écoles de filles sont dirigées par des religieuses de la Doctrine chrétienne et les écoles de garçons par des maîtres recrutés dans l'enseignement public.

Un asile, occupant 3 salles, tenu par 3 religieuses, compte 100 enfants, ci 100

Les classes de filles de 6 à 13 ans sont au nombre de 4, avec 5 maîtresses et 160 élèves, ci.   160

Lorsque les jeunes filles ont terminé leurs études, poussées fort au delà du programme de l'instruction primaire proprement dite, elles sont admises dans un ouvroir qui leur enseigne la couture, le repassage, etc. Elles le suivent au nombre de 40, ci 40

Les classes de garçons de 6 à 13 ans sont tenues par 5 maîtres et fréquentées par 150 élèves, ci 150

Nombre total d'élèves instruits dans les écoles primaires de la Compagnie 450

Écoles d'adultes.

Les écoles d'adultes reçoivent tous les jours, de 5 à 7 heures du soir, 100 apprentis de 12 à 15 ans qui, pour la plupart, sont dans les conditions légales pour en être dispensés. Ils ne le sont effectivement qu'après avoir satisfait à un examen passé en présence du directeur de l'usine.

École de dessin.

Un cours de dessin a lieu tous les soirs de 4 heures et demie à 6 heures, suivi obligatoirement par les apprentis tailleurs, graveurs et décorateurs. Cette heure et demie est prise sur la journée de travail sans retenue. On y reçoit également, à titre de volontaires, les apprentis verriers et les fils d'ouvriers qui en font la demande. Le dessin est ainsi enseigné à 80 jeunes gens par un maître secondé par un surveillant.

Un cours similaire est fait de 11 heures à midi, trois fois par semaine, pour les jeunes filles apprenties dans les services de décoration. Elles le suivent au nombre de 50.

Un concours a lieu à la fin de chaque année. Il en est tenu compte lorsque, l'apprentissage terminé, on case les jeunes gens suivant leurs aptitudes. Des livrets de caisse d'épargne de 20, 10 et 5 fr. sont donnés en prix aux élèves les plus méritants.

Ensemble des institutions scolaires.

Au total, la crèche, les écoles et les cours profitent à

725 enfants et jeunes gens, surveillés et instruits par 21 personnes.

La dépense annuelle qui en résulte pour la Compagnie dépasse 20,000 fr.

Service religieux.

Il existe une chapelle dans l'intérieur de l'usine. Un service religieux y est célébré le jeudi et le dimanche. Un vicaire de la paroisse est payé par la Compagnie.

Tous les ouvriers appartiennent au culte catholique.

Société philharmonique.

Une société philharmonique, dont la création remonte à 45 ans, et qui compte environ 40 membres actifs, tous ouvriers ou apprentis, est dirigée par un professeur payé par la Compagnie. Elle s'exerce fréquemment, après le travail, dans une salle qui lui est réservée.

Apprentis verriers ou gamins.

Il y a environ 200 apprentis verriers, appelés gamins, et âgés de 12 à 16 ans.

Avant d'être admis, ils subissent, en présence du directeur, du médecin et des employés du service, un

examen. On s'assure ainsi que leur constitution physique, leur instruction primaire et la moralité de leur
famille sont satisfaisantes.

L'enfant, quel que soit son âge, reçoit dès le premier
mois 20 fr. par mois ; le septième mois, 22 fr. ; le hui-
tième, 24 fr ; ensuite les augmentations et l'avancement
ne suivent plus de règle fixe et dépendent des progrès
et des efforts de chacun.

Repas des gamins.

La Compagnie fait servir aux gamins, moyennant
une retenue de 5 fr. par mois, chaque jour à 11 heures,
un repas composé de bouillon gras, viande de bœuf,
légumes et vin.

Ce repas facultatif est destiné à assurer une alimen-
tation fortifiante à des enfants dont le travail, quoique
très sain, est assez fatigant, et qui, pour un assez grand
nombre, appartiennent à des familles peu aisées. Son
prix de revient, 40 centimes, est le double de la rétribution demandée.

Pension des apprentis.

Le recrutement des gamins par les enfants de Baccarat étant depuis longtemps insuffisant pour ses besoins,
la Compagnie des cristalleries a créé une institution

recevant les enfants de l'extérieur et les orphelins de la
ville qui désirent faire l'apprentissage du métier de
verrier.

Ils sont logés, nourris et entretenus de toutes choses
nécessaires à la vie. Les achats de vêtements et de
chaussures restent seuls à leur charge. Le blanchissage
et le raccommodage sont assurés gratuitement.

Les enfants font 4 repas par jour. A l'exception du
vendredi, un des repas de chaque jour au moins est
servi en aliments gras.

Les malades sont soignés dans une infirmerie spéciale par le médecin de l'usine et les religieuses atta-
chées à l'établissement.

Les dortoirs sont surveillés et garnis de sommiers
élastiques.

On veille à l'accomplissement des devoirs religieux.

Les cours de récréation sont plantées d'arbres et
pourvues d'appareils de gymnastique.

Tout enfant admis à l'institution reçoit en débutant
un gage qui, déduction faite du prix de la pension, lui
laisse un excédent minimum de 14 fr. par mois, excédent qui augmente avec l'ancienneté du gamin.

Ce prix de pension est loin de couvrir les frais de
l'institution qui, dans ces dernières années, a coûté en
outre, en moyenne, 18,000 fr. à la Compagnie.

Le nombre de gamins à la pension est très variable;
il a été jusqu'à un maximum de 175. Dans ces dix
dernières années, il y a eu 805 admissions.

Nous devons constater que la proportion de ces enfants qui terminent leur apprentissage à Baccarat et y deviennent ouvriers est faible. Ils ne résistent pas comme les enfants indigènes aux fatigues matérielles et aux difficultés de toutes sortes. Ils n'ont ni la même énergie ni le même désir de parvenir. D'autre part, leurs parents sont généralement indifférents et ne s'en séparent qu'avec l'arrière-pensée de les rappeler dès qu'ils pourront être occupés dans leur voisinage.

Pour faciliter l'apprentissage aux jeunes gens des villages situés à proximité de Baccarat, des services de voitures ont été organisés, qui les amènent le matin et les reconduisent chez eux après le travail.

Apprentis divers.

L'apprentissage des tailleurs sur cristaux, graveurs, ciseleurs, mécaniciens, dessinateurs, etc., ne commence qu'à 15 ans.

Les candidats, pour la plupart, sont déjà gamins depuis deux ou trois ans.

Deux fois par an, les jeunes gens de 15 à 16 ans qui se présentent passent, devant le directeur, le médecin et un employé supérieur, un examen où sont cotées la force physique, les attaches de parenté à des ouvriers de l'usine et l'instruction primaire. Il en résulte un classement et l'admission d'un nombre de sujets variable avec les besoins.

Les apprentis admis sont tous affectés à des compa
gnies de taille. Après une année, pendant laquelle il
ont suivi les cours de dessin, ils sont répartis, d'aprè
les aptitudes qui leur ont été reconnues, entre les dif
férents ateliers. Le plus grand nombre reste à la taille
tandis que quelques-uns, après cette année d'épreuve
vont entreprendre un apprentissage de gravure, de cise
lage, etc.

L'apprenti appartenant à une équipe ou compagni
qui le paie suivant des règles établies, les ouvriers qu
la composent ont intérêt à le mettre vite en mesure d
produire utilement, en lui apprenant les éléments d
métier. En cas d'incapacité du jeune homme, la com
pagnie demande à être délivrée d'une charge.

L'apprenti tailleur reçoit 8 fr. le premier mois, 15 fr
les cinq mois suivants, puis est augmenté de 2 fr. tou
les deux mois jusqu'à 34 fr. Il devient alors compa
gnon après trente mois.

Les jeunes filles commencent à 16 fr.; après troi
mois, elles reçoivent 20 fr. et commencent à participer
la gratification de leur compagnie au bout de six mois

Conditions du travail.

Il n'y a pas de travail de nuit.
Les ateliers chôment le dimanche.
La durée du travail est de 10 heures.

Pour les trois quarts du personnel : entrée dans les ateliers à 7 heures du matin, repos de midi à 1 heure et sortie à 6 heures du soir.

Les verriers, représentant un quart du personnel total, travaillent, en été, de 5 heures du matin à 11 heures et de midi à 4 heures ; en hiver, de 6 heures à midi et de 1 heure à 5 heures.

Le samedi, les ateliers de femmes ferment à 4 heures, après 8 heures de travail seulement, de façon à laisser, ce jour-là, aux ouvrières plus de loisirs pour la mise en ordre du ménage et l'entretien des vêtements.

Un personnel réduit au strict nécessaire est occupé la nuit à la surveillance et à la conduite des feux.

Organisation du travail.

Il a été payé, à Baccarat, en 1899, des salaires d'ouvriers et des appointements d'employés et contre-maîtres pour une somme totale de 2,230,000 fr.

Les ouvriers payés au mois et les ouvrières sont généralement organisés par compagnies dont chacune est composée d'un chef et d'un certain nombre de souffleurs et gamins chez les verriers, de compagnons et apprentis pour les autres ouvriers. Chez les femmes, il y a de même une maîtresse, des compagnes et des apprenties.

Le gain de chaque compagnie est rémunéré à la

pièce, à la fin de chaque mois, suivant des tarifs connus de tous.

Les membres de la compagnie prélèvent d'abord sur le gain collectif total les gages fixes attribués à chacun suivant son grade. L'excédent est réparti entre eux suivant des proportions réglementaires sous le nom de gratification.

Le gage fixe est un minimum garanti quelle que soit finalement la production de la compagnie.

Chez les verriers le gage fixe moyen du chef est de. 134 fr. par mois.
    Du 1er souffleur . . . . 95 —
    Du 2e souffleur . . . . 73 —

Chez les tailleurs de pièces riches ou d'ouvragé qui forment la catégorie la plus nombreuse,
le gage fixe du chef est en moyenne de . . . . . . 90 fr. par mois.
    Du 1er compagnon . . . . 70 —
    Du 2e compagnon . . . . 58 —

Le cas où il n'y a pas de gratification à partager et où les ouvriers doivent s'en tenir au gage fixe garanti est tout à fait exceptionnel et il y en a peu d'exemples.

C'est ainsi que le gain effectif moyen des chefs verriers, en 1899, a été de 232 fr., quelques-uns dépassant 300 fr., que celui des chefs tailleurs d'ouvragé a été de 198 fr., dont certains atteignaient 250 fr.

Il arrive fréquemment que la gratification est plus importante que le gage fixe.

Chez les tailleurs, la gratification totale de la compagnie se répartit à raison de 4 parts pour le chef, 3 parts pour le premier compagnon et 2 parts pour le deuxième.

Chez les verriers, la composition des compagnies, appelées places, étant très variable, les bases sont plus complexes.

Pour les femmes en compagnie, le gage fixe de la maîtresse est généralement 30 fr., et elle gagne effectivement de 60 fr. à 120 fr. par mois.

Avancement, Augmentations.

Les différences notées ci-dessus entre les compagnons de diverses classes et entre le chef et le premier compagnon font comprendre l'importance qui doit être attachée à l'avancement par les intéressés. La direction, de son côté, ne saurait trop veiller à ce que chacun soit à la hauteur de ses fonctions tant dans l'intérêt de la production que dans celui du groupe ouvrier. La garantie du gage fixe justifie son intervention.

Les nominations à un grade supérieur sont presque toujours la sanction d'un concours fait entre souffleurs ou compagnons qui ont été classés suivant la valeur d'exécution des pièces produites. Les premiers au concours sont pris à l'essai, pendant plusieurs mois, pour faire le travail du grade qu'ils ambitionnent et qu'ils obtiennent définitivement lorsqu'ils ont fait leurs preuves. Ces concours, renouvelés fréquemment, sont un stimulant très efficace de l'habileté professionnelle. On s'y prépare longtemps d'avance.

La liste de classement est affichée dans les ateliers et les pièces produites soumises au contrôle des concurrents eux-mêmes. Les premiers numéros reçoivent des primes en argent.

Les augmentations de gages fixes, jusqu'au maximum établi, sont arrêtées à la fin de chaque semestre par un conseil composé de l'état-major de l'usine et des employés du service. Elles sont basées sur les progrès faits et l'ancienneté acquise.

Tarifs de façons.

Les tarifs de façons, qui servent à établir les salaires effectifs des ouvriers, sont connus de tous. Ils ne peuvent être diminués sans un avertissement préalable de trois mois, tandis que les augmentations sont appliquées à partir de leur publication. L'avertissement de réduction ne se donne habituellement qu'après discussion contradictoire et entente préalable. En tout cas, l'ouvrier qui n'accepterait pas de travailler au nouveau prix aurait ainsi, avant son application, trois mois pour se pourvoir ailleurs.

Il est sans exemple qu'un ouvrier ait usé de ce délai pour quitter l'usine. Il sait que ces mesures sont tou-

urs sérieusement motivées. Elles coïncident le plus
ouvent avec un progrès d'outillage ou d'organisation ;
n sorte que la nouvelle tarification ne réduit pas le
ain final. Le délai légal est prolongé gracieusement
ar des indemnités chaque fois qu'il paraît nécessaire
e donner aux ouvriers plus de temps pour augmenter
eur production jusqu'au point où ils retrouveront leur
ain antérieur.

Quoi qu'il en soit, il ne s'élève jamais de difficultés
érieuses à ce sujet.

Toute compagnie a son livre sur lequel le compte
u produit de son travail est inscrit chaque jour. Chaque intéressé peut, quand bon lui semble, consulter
on livre, placé à sa portée, vérifier les chiffres et les
iscuter, s'il y a lieu, avec son chef de service. Les
uvriers ne s'en font pas faute.

Chacun, suivant son compte jour par jour et le recti-
iant en cas d'erreurs ou d'omissions, n'a pas de sur-
rise au règlement définitif par le bureau central de
omptabilité.

Chômages.

Depuis longtemps, l'usine suit difficilement la vente,
en sorte que les ouvriers n'ont subi que des chômages
nsignifiants causés par des accidents de fonte ou d'ou-
illage, par des réparations et par des défauts d'équilibre

entre la production des ateliers par lesquels passent successivement les marchandises en cours de fabrication.

Les verriers, plus exposés à chômer que leurs camarades qui finissent, taillent et décorent le cristal brut, ont de tout temps joui du privilége de recevoir une indemnité de chômage, appelée gage de relai, équivalente aux deux tiers de leur gage fixe.

Pour les autres catégories d'ouvriers, un fonds de chômage a été créé en 1890.

Les livrets de prévoyance établis en 1896 donneront aux ouvrières de petites ressources en cas de repos forcé.

Fonds de chômage.

Le fonds de chômage est alimenté par des dons de la Compagnie et par l'intérêt à 5 p. 100 de son capital.

Il paie aux ouvriers ayant subi un chômage involontaire une indemnité équivalente à la moitié de leur gage fixe, mais ne pouvant pas dépasser 2 fr. par jour, quel que soit le gage fixe.

Depuis la fin de 1899, les périodes de service militaire de treize et de vingt-huit jours sont des chômages payés.

Les indemnités seront ramenées à 1 fr. par jour comme maximum quand le fonds de garantie réalisable descendra au-dessous de 50,000 fr.

Elles cesseront d'être dues quand ce fonds sera infé-rieur à 25,000 fr. Le fonds ainsi réduit ne servira, jus-qu'à sa reconstitution, qu'à donner des secours faculta-tifs aux ouvriers les plus nécessiteux éprouvés par le chômage.

Le fonds de chômage servirait en cas de mobilisation faite en vue d'une guerre à procurer des secours aux familles des ouvriers mobilisés et laissant dans leurs foyers une femme ou des enfants mineurs.

La Compagnie a doté le fonds de chômage de 100,000 fr. en 1890 et de 15,000 fr. en 1891. Au 31 décembre 1899, l'avoir était de 139,476 fr. 65 c.

Il a été payé en 1899 des indemnités pour 825 fr. 90 c.

Caisses de prévoyance pour malades et orphelins.

Les diverses catégories d'ouvriers, verriers, tailleurs et ouvriers divers ont chacune leur caisse de pré-voyance distincte, dont le but est de venir en aide aux malades et orphelins.

Ces institutions ont payé en 1899 :

1º Des indemnités de maladie se montant à un total de. 22,933^f 30^c
2º Des secours à 69 orphelins   —   —   . 3,591 »

             Dépense totale. . . . . . . 25,524^f 30^c

136 malades par mois en moyenne ont touché une indemnité.

Les recettes se sont composées de :

1° Versements des intéressés.	17,460^f 04^c
2° Versements de la Compagnie	15,130 42
Recette totale	32,590^f 46^c

Les caisses avaient, au 31 décembre 1899, un capital disponible de 26,742 fr. 63 c., dont la Compagnie sert l'intérêt à 5 p. 100.

La constitution de la caisse de prévoyance des tailleurs remonte à 1835.

Les statuts des caisses de prévoyance sont peu différents dans leurs dispositions, si ce n'est en ce qui conconcerne la proportion des versements faits par les intéressés et par la Compagnie.

A la caisse des verriers la Compagnie verse 2 1/2 p. 100 des salaires effectifs, tandis qu'il est retenu à l'ouvrier 1 p. 100.

Les caisses des tailleurs et des ouvriers divers sont alimentées par les intéressés à raison d'un versement de 2 p. 100 de leur salaire pour les premiers et de 1 1/2 p. 100 pour les seconds.

Ces différences se justifient par l'usage et par les risques professionnels de maladie.

Les caisses sont administrées par un conseil composé

d'ouvriers élus par leurs camarades et présidé par le directeur de l'usine.

Ce conseil se réunit à la fin de chaque mois et arrête le montant des indemnités dues aux malades qui produisent les pièces justificatives exigées.

Ces indemnités sont de moitié du gage fixe.

L'indemnité ne commence qu'après deux ou trois jours de maladie.

L'indemnité peut durer un temps égal à celui des services effectifs de l'ouvrier. Ce temps passé, elle cesse de plein droit.

Les caisses allouent aux veuves des ouvriers une indemnité mensuelle variant de 5 à 7 fr. par orphelin âgé de moins de 13 ans, cet âge étant celui où ils peuvent être pris comme gamins. Chez les verriers, les filles reçoivent l'indemnité jusqu'à 15 ans. Ce secours est accordé également aux tuteurs ou bienfaiteurs qui prennent soin de l'enfant privé de père et de mère.

La participation aux caisses de prévoyance est obligatoire.

Tout ouvrier qui quitte l'usine y perd tous ses droits.

Les ouvriers à la journée qui sont habituellement employés dans l'usine, bien qu'ils ne participent pas aux institutions de prévoyance, reçoivent de la Compagnie une indemnité arbitrée suivant leurs salaires, la nature de leurs occupations et leurs besoins.

Livrets de prévoyance.

La prévoyance collective, telle qu'elle est organisée par les institutions décrites ci-dessus, ne va pas sans abus. La crainte que ces abus ne désorganisent le travail des ateliers de femmes a fait renoncer à la création de caisses similaires en leur faveur, les ouvrières elles-mêmes reconnaissant qu'elles ne seraient pas viables.

La prévoyance collective ne paraissant pas applicable pratiquement, la prévoyance individuelle rendue obligatoire lui a été substituée. Cette dernière, si elle n'a pas la puissance que donne l'association, ne présente pas du moins les mêmes risques d'abus.

Telle a été l'origine des livrets de prévoyance créés en 1896. Un livret est ouvert au nom de chaque ouvrière. Sur ce livret, on porte à la fin de chaque mois :

1° Un versement obligatoire de l'ouvrière, égal à 2 p. 100 de son gain total ;

2° Un versement de la Compagnie égal à 1 p. 100 de ce gain.

Au 31 décembre, le solde du livret à cette date est majoré de 5 p. 100 de sa valeur par la Compagnie.

En cas de maladie ou de chômage, l'ouvrière peut prélever sur son livret 0 fr. 75 c. par jour.

Au 31 décembre 1899, après trois ans seulement d'existence, les livrets représentaient un total de 41,463 fr. 09 c., appartenant à 749 ouvrières.

Il est rare que les ouvrières malades prélèvent l'indemnité à laquelle elles ont droit. 19 ouvrières seulement, en 1899, ont recouru à leurs livrets et leur ont demandé au total 385 fr.

Pendant cette année, il a été versé :

1° Par la Compagnie	6,394ᶠ 17ᶜ
2° Par les ouvrières.	8,878 30
Total des versements sur les livrets en 1899. .	15,272ᶠ 47ᶜ

Les intéressées considèrent donc le livret comme une épargne qu'elles trouveront quand elles devront abandonner le travail et le ménagent en conséquence.

L'institution ainsi comprise assure à l'ouvrière un capital d'au moins 1,200 fr. au moment de sa retraite. De cette somme, elle n'aura guère versé elle-même qu'un tiers.

Une caisse collective créée dans le même but, avec les mêmes ressources, n'aurait pas suffi à payer des journées de maladie qui se seraient multipliées au grand préjudice du travail.

Les soldes des livrets grossissant tenteront certains parents ou maris, qui seront de plus en plus disposés à faire quitter l'usine à la titulaire pour toucher une somme relativement importante. Ce risque devra être écarté par des dispositions nouvelles défendant l'épargne de l'ouvrière contre son entourage et contre elle-même.

L'institution est trop nouvelle pour avoir pris son équilibre définitif.

Secours de couches.

La Compagnie alloue aux ouvrières mariées en couches un secours de 40 fr. Elles ne sont reçues à l'atelier que six semaines après l'accouchement : elles sont alors autorisées à quitter le travail une demi-heure avant leurs compagnes, à midi, pour soigner leur enfant.

L'indemnité de couches depuis sa création, 19 février 1889, jusqu'au 31 décembre 1899, a été versée à 441 ouvrières et a coûté à la Compagnie 17,640 fr.

Sauvetage.

Une compagnie de 70 ouvriers, organisée pour le service des incendies, possède une caisse de prévoyance qui assure à l'ouvrier blessé dans un incendie l'intégralité de son salaire et, en cas de décès, une pension de 300 fr. à sa veuve.

Cette caisse est alimentée exclusivement par des versements de la Compagnie.

Accidents.

Les accidents sont très rares. Dans ces dix dernières années, on en compte trois mortels.

Le dernier étant survenu après l'entrée en vigueur de la loi nouvelle, il s'est trouvé que la pension de la veuve, calculée sur les bases appliquées à Baccarat précédemment, était sensiblement supérieure au chiffre inscrit dans la loi.

Service médical.

Un médecin est attaché à l'usine, qu'il habite.

Il donne deux fois par jour, dans son cabinet, des consultations gratuites aux ouvriers, ouvrières, et en général à ceux qui sont à la charge de personnes occupées à l'usine.

Autrefois, les visites du médecin à domicile étaient gratuites. Cette gratuité produisait des abus nuisibles à la bonne marche du service; aussi les visites ont-elles été taxées à un tarif qui les met à moitié du prix en usage dans la clientèle ordinaire chaque fois qu'elles sont faites dans des familles non indigentes.

Le médecin visite la crèche et la pension des gamins; il délivre gratuitement les certificats exigés par les institutions de prévoyance et de retraite.

Il est à la disposition du directeur pour tous les renseignements dont celui-ci peut avoir besoin et pour l'examen physique des apprentis.

Les indigents reçoivent gratuitement les médicaments, et, pendant leur convalescence, une ration quotidienne de bouillon de bœuf.

Sept sœurs garde-malades de l'ordre de Saint-Charles visitent les malades pour appliquer les prescriptions du médecin, font leur ménage et les veillent.

Lorsque l'hospitalisation est nécessaire, elle se fait le plus souvent aux frais de la Compagnie.

Bains et douches.

Un établissement de bains chauds de 14 cabines est installé dans l'usine à l'usage gratuit des ouvrières, femmes et filles d'ouvriers. Il existe depuis 1896; 7,000 à 8,000 bains y sont donnés chaque année.

Deux cabines sont réservées aux bains sulfureux, utiles à certaines catégories d'ouvriers et ouvrières, dont le travail donne des poussières dans lesquelles il existe une certaine quantité de plomb.

Une salle de douches de 20 cabines est affectée aux hommes.

Il existe une piscine d'eau chaude où les gamins prennent leurs ébats après le travail.

Retraites.

Des caisses de retraite pour les ouvriers des deux sexes fonctionnent, alimentées uniquement par des versements de la Compagnie, et administrées par les mêmes conseils que les caisses de prévoyance.

Ouvriers retraités au 31 décembre 1899.

		HOMMES.	FEMMES
Après un temps de service de 20 à 24 ans . . .		4	12
—	— 25 à 29 ans . . .	5	5
—	— 30 à 34 ans . . .	18	10
—	— 35 à 39 ans . . .	36	4
—	— 40 à 44 ans . . .	23	»
—	— 45 à 49 ans . . .	12	»
—	— 50 à 54 ans . . .	3	»
—	— 55 à 59 ans . . .	1	»
—	— 60 à 65 ans . . .	1	»
	Total	103	31

La somme des pensions payées par les caisses en 1899 s'est élevée :

Pour 103 hommes à	44,931^f 80^c
Pour 31 femmes à	6,822 »
Soit au total	51,753^f 80^c

L'encaisse des diverses institutions de retraite s'élevait, au 31 décembre 1899, à 314,077 fr. 43 c., dont la Compagnie sert l'intérêt à 5 p. 100.

Les versements statutaires de la Compagnie se sont élevés, pendant l'année, à 51,722 fr. 41 c.

Le versement de la Compagnie aux caisses de retraite est :

Pour celle des verriers de . .	2 1/2 p. 100 des salaires effectifs.
— tailleurs de . .	2 1/4 — —
— divers de . .	1 3/4 — —

En outre, elle les a aidées à diverses reprises par des dons extraordinaires.

Tout ouvrier au mois et ouvrière ayant atteint l'âge de 50 ans et ayant travaillé dans les ateliers de la cristallerie pendant vingt années consécutives, peut être admis à la retraite s'il est reconnu incapable de continuer sa profession.

Peut être également mis à la retraite, mais seulement sur la proposition du directeur, président du conseil, composé en majorité d'ouvriers élus par leurs camarades, l'ouvrier qui, ayant au moins dix années consécutives d'activité, non compris le temps d'apprentissage, se trouve dans l'impossibilité de continuer son travail par suite d'un accident dont il a été victime dans l'exercice et par le fait de ses fonctions.

Le service militaire qui n'est pas le fait d'un engagement volontaire, et la maladie, n'interrompent pas l'activité. Mais tout ouvrier qui reçoit son livret, soit par suite d'un renvoi, soit sur sa demande, perd tous ses droits antérieurs s'il vient à rentrer à l'usine. Cette règle, strictement appliquée, si dure qu'elle paraisse parfois, ne peut provoquer aucune protestation, l'ouvrier n'ayant fait aucun versement à la caisse de retraite. Elle est la sauvegarde de la stabilité et engage la direction à user du droit de renvoi avec une extrême modération.

Le conseil, auquel est soumise la demande de retraite, prend pour base de réglement de la pension le tiers du gage fixe de l'ouvrier admis à la retraite jusqu'à concurrence de 90 fr. de gage par mois, auquel s'ajoute, pour ceux qui ont plus de 90 fr., le cinquième de l'excédent.

Aucune pension d'homme n'est inférieure à 25 fr. par mois. Celle des femmes est uniformément de 20 fr.

Pour les uns et les autres, ces pensions sont majorées d'un dixième après vingt-cinq ans de service, et de deux dixièmes après trente ans.

Les ouvriers à la journée, qui ne font pas partie des caisses, reçoivent de la Compagnie, lorsqu'ils ont vieilli à l'usine, une pension fixée habituellement à 20 fr. par mois.

Gratification aux retraités.

Depuis quelques années, l'usage s'est établi de donner aux retraités, à l'occasion de la fête patronale, une gratification de 5 fr. par année de services au delà de trente.

Plusieurs reçoivent ainsi plus de 100 fr.

Participation des retraités aux bénéfices.

M. le comte de Chambrun, président d'honneur et fondateur du Musée social, principal actionnaire de Baccarat, décédé en 1899, a légué par testament à la

Compagnie 8 de ses actions, pour le revenu en être attribué aux ouvriers et réparti par le conseil général des actionnaires, les intéressés entendus.

Les ouvriers, consultés selon la volonté du donateur, exprimèrent presque unanimement le désir que la libéralité profitât intégralement aux retraités, hommes et femmes, pensionnés soit par les caisses, soit par la Compagnie.

Les bases suivantes de répartition des revenus des actions furent adoptées par les conseils des caisses et approuvées par délibération du conseil général des actionnaires :

> Le retraité âgé de 50 à 55 ans   reçoit 1 part.
> —   de 55 à 60 ans   —   2 parts.
> —   de 60 ans et plus   —   3 parts.

En fin d'année, la valeur de la part est déterminée en totalisant celles-ci et en divisant par le chiffre obtenu le revenu total des actions.

Ce revenu représentant 30,000 fr. pour 1899, la valeur de la part, sur cette base, serait d'environ 75 fr.

La pension du retraité homme, âgé de 60 ans et plus, se trouverait ainsi majorée d'un dividende de 225 fr. et portée d'une moyenne de 435 à 660 fr., en laissant de côté la gratification. Celle d'une femme du même âge deviendrait au minimum de 475 fr.

Caisse des enterrements.

Indépendamment des institutions régulières décrites ci-dessus, chaque corporation a organisé, en dehors de toute immixtion de la Compagnie, une caisse destinée à couvrir les frais d'enterrement de ses membres décédés.

Les convois funèbres ont la même pompe pour tous, et les étrangers sont frappés de la décence et de l'ordre qui règnent dans ces cérémonies, ainsi que du grand nombre d'ouvriers qui accompagnent un camarade à sa dernière demeure.

Tous les ans, le lundi de Pâques, un service religieux est célébré pour les ouvriers défunts.

Départs.

Sauf des cas extrêmement graves, il est d'usage de prévenir un ouvrier de son congé trois mois à l'avance.

Dans ces dix dernières années, la moyenne par an des ouvriers ayant quitté l'usine après cinq ans de services, c'est-à-dire l'apprentissage terminé, pour des motifs divers, a été de 10 par an.

En 1899, il a été, dans ces conditions, donné 10 livrets, soit environ 1 départ par 150 ouvriers.

Ces 10 livrets appartenaient :

4 à des ouvriers congédiés par mesures disciplinaires ;
1 à un ouvrier qui a embrassé une nouvelle profession ;
5 à des ouvriers qui ont quitté pour aller chercher dans des usines similaires des situations qu'ils espéraient plus avantageuses.

Il est de règle, à Baccarat, de ne jamais prendre un verrier, un tailleur ou un décorateur formé dans une autre usine.

Tous les ouvriers travaillant le cristal ont débuté dans leur atelier avant 16 ans.

Moralité.

Les condamnations criminelles et correctionnelles prononcées contre des ouvriers sont extrêmement rares.

Les plus fréquentes sont motivées par des faits de pêche et surtout par des délits forestiers.

La condamnation à la prison entraîne le renvoi.

Les conflits entre ouvriers sont rarement portés devant le tribunal ou la justice de paix. Ils prennent ordinairement leurs chefs pour arbitres, acceptent leurs décisions et économisent ainsi des frais et des pertes de temps.

La direction est très sévère pour les ivrognes. Ils sont relativement peu communs, et, si on se reporte en arrière, on constate que leur nombre a beaucoup diminué.

Le travail du lundi et des lendemains de fête ne diffère pas de celui des autres jours. L'amende réglementaire pour absence irrégulière est doublée quand elle se produit un lundi. Ces amendes sont versées aux caisses de prévoyance.

Les filles, aussitôt qu'elles sont sues enceintes, sont renvoyées. Comme ce sont généralement les plus misérables, il arrive souvent que, par charité, on les reprend quelques mois après l'accouchement. Leurs droits antérieurs à la retraite se trouvent alors perdus.

Depuis 1860, une seule naissance illégitime s'est produite dans la population de 867 âmes logée à l'usine.

En 1899, la proportion des enfants naturels, à Baccarat, a été de 5.30 pour 100 naissances.

Épargne.

Pour estimer les progrès de l'épargne chez les ouvriers, les seuls chiffres certains sont ceux donnés par la caisse d'épargne de Baccarat, fondée par l'administration de la cristallerie, qui continue à prendre une part active à sa gestion.

Les livrets au nom d'ouvriers, de leurs femmes ou de leurs enfants s'élevaient:

En 1888 à 1,308, représentant un capital de   760,147^{f}81^c
En 1899 à 1,550   —   —   1,088,552 69

*

Pour donner toute sa valeur relative à cette augmentation de plus de 40 p. 100 du montant des dépôts, il faut tenir compte que le maximum du livret a été, dans cette période, ramené de 2,000 à 1,500 fr., et que le mouvement général de retrait des caisses d'épargne qui s'est produit, dans ces derniers temps, en faveur des placements à revenus variables, a eu son contre-coup à Baccarat.

Les versements d'ouvriers avaient été en 1888 de .   146,331^f 75^c
Ils ont été en 1899 de   184,707   »
Les retraits ont passé de 133,277^f 70^c à 196,844^f 60^c.

La presque totalité de ces retraits est remployée en valeurs mobilières et en immeubles.

Le nombre de ceux qui épargnent est en grand progrès comme l'importance des sommes épargnées.

Bienfaisance.

Il existe à Baccarat diverses institutions charitables. La principale, la Société des Dames de charité, est une association qui fonctionne en dehors de toute ingérence administrative comme société autorisée. Cette œuvre, présidée par l'administrateur de l'usine, compte parmi ses membres actifs les femmes du directeur et des principaux employés.

Les Dames de charité donnent du pain et des secours

à domicile aux familles nécessiteuses et aux malades. Elles recueillent dans un établissement hospitalier qui leur appartient des vieillards infirmes et des malades, qui ont donné, en 1899, 17,127 journées de présence.

Les recettes de l'œuvre ont été, en 1899, de . . . 37,265ᶠ 50ᶜ
Les dépenses charitables 36,507 85

Elle possède aujourd'hui un capital ainsi représenté :

Immeuble bâti (suivant police d'assurance) . . 175,000 fr.
Mobilier (suivant police d'assurance) 76,000
Propriétés rurales, prés et jardins 36,000
Rentes sur l'État et encaisse 275,000
                                    Total . . . . 562,000 fr.

Bibliothèque.

La Compagnie a créé une bibliothèque dont les volumes, au nombre de 1,000, sont à la disposition des familles d'ouvriers. Les instituteurs en font le service.

En 1899, 3,830 volumes ont été prêtés à 350 lecteurs.

Récapitulation des ouvriers par temps de service.

Nous donnons ci-après le nombre des ouvriers de Baccarat en activité classés par années de service.

TEMPS DE SERVICE.	HOMMES.	FEMMES.
De 1 à 4 ans de service et apprentis .	332	243
De 5 ans de service	49	33
De 6 —	30	34
De 7 —	34	33
De 8 —	34	26
De 9 —	55	40
De 10 —	58	36
De 11 —	31	40
De 12 —	28	34
De 13 —	31	13
De 14 —	34	13
De 15 —	30	13
De 16 —	42	14
De 17 —	52	25
De 18 —	41	11
De 19 —	33	25
De 20 —	31	24
De 21 —	41	5
De 22 —	26	3
De 23 —	17	9
De 24 —	21	4
De 25 —	35	4
De 26 —	38	11
De 27 —	44	17
De 28 —	47	5
De 29 —	21	5
De 30 —	34	5
De 31 —	24	4
De 32 —	10	1
De 33 —	14	»
De 34 —	17	2
De 35 —	20	»
De 36 —	19	3
De 37 —	11	3
A reporter	1,384	738

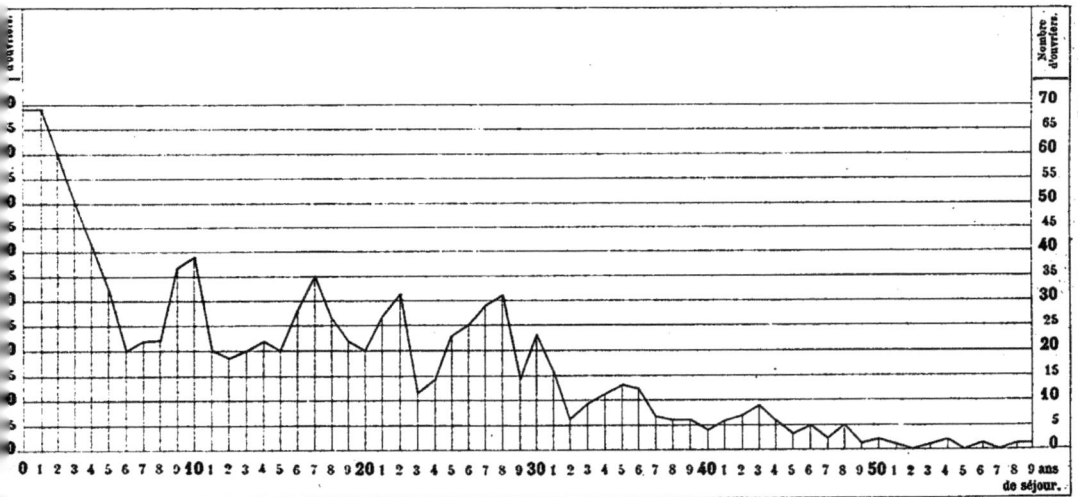

HOMMES
1ᵉʳ Janvier 1900

urbe établie en réduisant à 1 000 le nombre total d'ouvriers et les nombres partiels dans la même proportion .

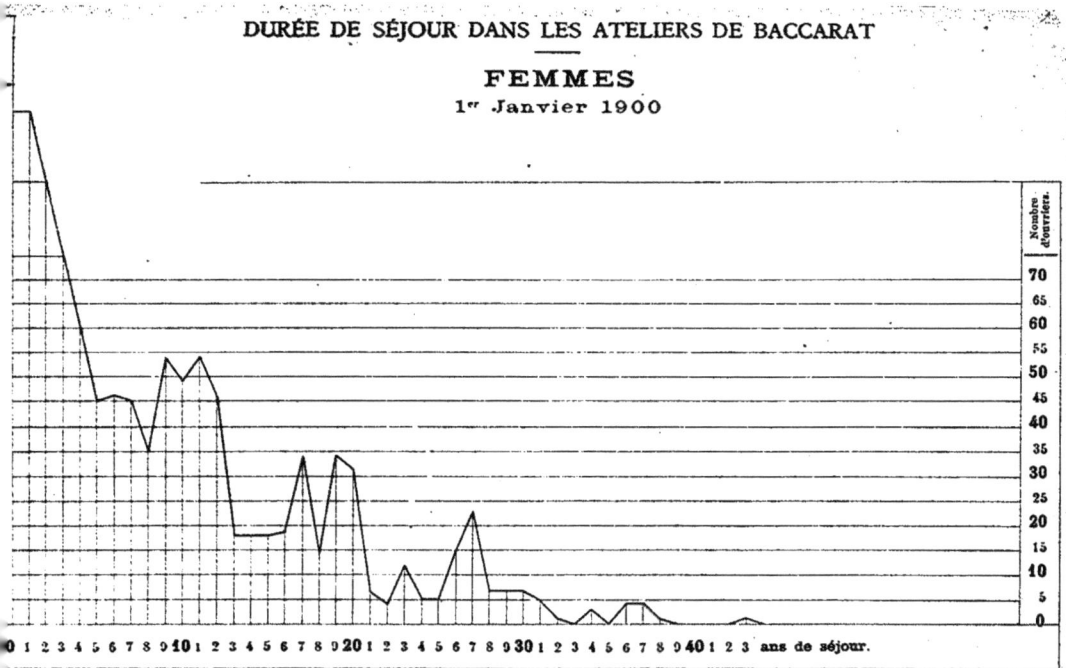

DURÉE DE SÉJOUR DANS LES ATELIERS DE BACCARAT

FEMMES

1ᵉʳ Janvier 1900

urbe établie en réduisant à 1 000 le nombre total d'ouvrières et les nombres partiels dans la même proportion.

TEMPS DE SERVICE.	HOMMES.	FEMMES.
Report.	1,384	738
De 38 ans de service	10	1
De 39 —	10	»
De 40 —	7	»
De 41 —	9	»
De 42 —	11	»
De 43 —	13	1
De 44 —	9	»
De 45 —	5	»
De 46 —	8	»
De 47 —	2	»
De 48 —	5	»
De 49 —	1	»
De 50 —	2	»
De 51 —	1	»
De 52	»	»
De 53	1	»
De 54 —	2	»
De 55 —	»	»
De 56 —	1	»
De 57	»	»
De 58 —	1	»
De 59 —	1	»
	1,483	740

Au total 2,223 ouvriers et ouvrières.

Le travail des femmes a commencé à prendre de l'importance il y a une trentaine d'années seulement.

Le recrutement des ouvrières, dont la stabilité est en grand progrès, présente des irrégularités dépendant de l'état de prospérité des industries à domicile, broderie, gants, etc.

Enfin, le premier chiffre du tableau se trouve in-
fluencé par la création récente d'une taillerie de femmes
à Bertrichamps, village situé à 4 kilomètres de Baccarat, installation ayant précisément pour but de donner
un appoint de main-d'œuvre.

COMPAGNIE DES CRISTALLERIES DE BACCARAT

LES ETABLISSEMENTS DE PARIS EN 1900

LEGENDE

A à b Galeries d'Exposition.
c d e f Bureaux & Magasins.
g Atelier de Taille & Gravure.
i Atelier de Monture & Bronzes.
j Atelier de Dorure & Argenture.
h Atelier de Dessin & Sculpture.
k Atelier de Photographie.
l Maison d'habitation (Lieux principal du Dépôt)

Immeubles appartenant à la Compagnie
P 31 rue de Paradis.   G 18 rue d'Hauteville.
R 78 rue d'Hauteville. I 35 rue de Chabrol.

u Vue perspective de l'Entrée des Galeries d'Exposition

DÉPOT DE PARIS

La Compagnie possède, à Paris, 30 *bis*, rue de Paradis, une maison de vente et d'exportation à laquelle sont annexés des ateliers de bronze pour le montage des cristaux, et de décorations.

Personnel.

Le personnel du dépôt comprend :

> 148 employés et hommes au mois.
> 41 employées et femmes au mois.
> 54 ouvriers à la journée.
> 3 femmes à la journée.

Total : 246 personnes.

Appointements et salaires.

En 1899, le dépôt a payé à ce personnel :

Employés et femmes au mois . . . . 403,580 fr.
Ouvriers . . . . , ... 78,967 fr.

Conditions du travail.

Le personnel travaille :

> De 8 heures du matin à 7 heures du soir en été.
> De 7 — à 6 — en hiver.
> Avec repos d'une heure pour le déjeuner des hommes.
> Avec repos d'une heure un quart pour le déjeuner des femmes.

Pension.

Une pension, où tous les employés et ouvriers peuvent, s'ils le désirent, prendre leur repas de midi, a été installée, en 1898, dans un local dépendant du dépôt. Elle est administrée par les intéressés.

Le repas est composé : d'un plat de viande, d'un plat de légumes, d'un dessert, d'un demi-litre de vin pour les hommes et un quart de litre pour les femmes et jeunes gens.

Il est payé :

> 1f 25c par les chefs de service ou assimilés.
> 1 » par les employés et ouvriers hommes.
> 0 75 par les femmes et jeunes gens dont le gain dépasse 75 fr. par mois.
> 0 60 par les femmes et jeunes gens dont le gain est inférieur à 75 fr. par mois.

105 personnes bénéficient actuellement de cette ins-

titution qui reçoit de la Compagnie une subvention
annuelle de 4,700 fr.

Cours de dessin et de langues.

Des cours de langues vivantes (anglais, allemand et
espagnol) sont faits deux fois par semaine et sont sui-
vis par 20 jeunes gens et 7 jeunes filles.

Un cours de dessin réunit 9 jeunes gens.

Malades.

En cas de maladie :

Les employés au mois jouissent de leur traitement
complet pendant les six premiers mois de maladie, des
deux tiers de ce traitement pendant les trois mois suivants et de la moitié durant trois autres mois.

Passé ce délai, ils sont aidés, sous forme de secours,
jusqu'au jour où ils sont aptes à reprendre leur travail.

Les ouvriers à la journée sont aidés par des alloca-
tions hebdomadaires, lorsqu'il est nécessaire, durant
tout ou partie de leur chômage.

Bienfaisance.

La Compagnie met chaque année 3,000 fr. à la disposition du directeur du dépôt pour secourir les membres du personnel momentanément dans le besoin.

Retraites.

Les employés du dépôt reçoivent, après trente ans de service, une retraite équivalente au quart de leurs appointements. Cette retraite leur est donnée sans qu'ils aient à subir aucune retenue.

Le montant actuel des pensions servies est de 6,920 francs.

Livrets de prévoyance.

Dans le but de constituer à l'employé et à l'ouvrier une disponibilité qu'il trouvera quand l'âge ou la maladie le contraindra à renoncer au travail, il a été créé, en 1898, des livrets de prévoyance obligatoires.

Le livret est alimenté :

1° Par un versement mensuel du titulaire égal à 2 p. 100 de ses émoluments;

2° Par un versement de la Compagnie de 1 p. 100;

3° Par une bonification de 5 p. 100 du montant du livret au 31 décembre, faite à cette date.

L'institution n'a pas deux ans d'existence et la somme épargnée est de 18,255 fr. 55 c., fournie, 11,533 fr. 60 c. par les intéressés et 6,721 fr. 95 c. par la Compagnie.

L'habitude de l'épargne est peu commune dans le personnel de Paris. Il est rare qu'arrivé à la fin de sa carrière, l'employé se soit constitué un petit capital.

Temps de service du personnel de Paris.

Le personnel du dépôt se classe comme suit par années de service :

1 année de service.	29	personnes.
2 années de service	38	—
3 —	14	—
4 —	11	—
5 —	6	—
6 —	2	—
7 —	5	—
8 —	6	—
9 —	3	—
10 —	8	—
11 —	14	—
12 —	3	—
13 —	7	—
14 —	12	—
15 —	4	—
16 —	1	—
17 —	9	—
18 —	8	—
19 —	3	—
20 —	7	—
21 —	1	—
22 —	5	—
23 —	3	—

A reporter. 199

Report	199	
24 années de service	3	personnes.
25 —	3	—
26 —	4	—
27 —	2	—
28 —	4	—
29 —	7	—
30 —	3	—
31 —	4	—
32 —	1	—
33 —	1	—
34 —	2	—
35 —	1	—
36 —	3	—
37 —	2	—
38 —	»	—
39 —	1	—
40 —	2	—
42 —	2	—
45 —	1	—
52 —	1	—
Total	246	personnes.

Baccarat, avril 1900.

Nancy, imprimerie Berger-Levrault et Cie.